예수님의 비유

필로는 사랑 주는 책, 사랑받는 책을 만듭니다.

소그룹 성경공부 교재 (훈련생용)

예수님의 비유

초판 1쇄 인쇄 2025년 3월 5일
초판 1쇄 발행 2025년 3월 5일

지은이 배창돈
펴낸이 고경원
펴낸곳 필로   **디자인** 필로디자인

등 록 제2013-000233호(2013년 12월 6일)
주 소 서울시 양천구 목동동로 437, 1103
전 화 (02)3489-4300 **팩스** (02)3489-4329
E-mail suvackoh@naver.com

Printed in Korea.

ISBN 979-11-88480-17-3 03230

소그룹 성경공부 교재
예수님의 비유

배창돈 지음

PHULO

〈예수님의 비유〉를 출간하며…

예수님께서는 전하고 싶은 말씀을 종종 비유를 통해 말씀하셨습니다. 예수님의 비유를 공부하다 보면 그리스도인들에게 바른 신앙을 세워주는 기본적이지만 중요한 내용들을 이해하기 쉽도록 말씀하고 있습니다. 주제가 다양하지만 말씀의 전체적인 흐름은 일관성이 있어서 건강한 그리스도인으로 세워줍니다.

예수님의 비유는 말씀의 의미를 쉽게 깨닫게 하여 개인 뿐 아니라 교회 전체에 영향을 주고 좋은 교회가 되는데 도움이 됩니다. 소그룹에서 귀납적으로 공부할 수 있도록 구성되어 있기에 개인적으로 깨닫고 적용하기가 쉽습니다.

이 책을 통해 소그룹에 속한 믿음의 지체들이 주님의 마음을 한층 더 깊이 알고 성숙한 그리스도인으로 자라면 좋겠습니다.

이 책의 출판을 위해 섬겨주신 분들에게 감사드리며 하나님께 모든 영광을 돌려 드립니다.

배창돈
글로벌디사이플 교회 담임목사

1. 이 교재는 주제 중심의 교재가 아니라 성경 본문을 중심으로 한 교재입니다.

2. 귀납적 방법으로 말씀이 주시는 교훈을 통해 함께 은혜를 나누도록 구성되어 있습니다.

3. 소그룹 지도자는 귀납적인 소그룹 인도에 익숙해야 하므로 귀납적 소그룹 인도법을 배우면 도움이 될 것입니다.

4. 소그룹 인도자는 매주 교역자의 인도로 미리 예습하고 공부를 하므로 효과를 얻을 수 있습니다.

5. 소그룹 구성원들이 미리 예습을 해오면 더 좋은 결과를 얻을 수 있습니다.

6. 하나님 말씀 앞에서 자신의 문제를 깨닫고 적용할 때 하나님께서 일하시는 것을 경험하고 성장하여 하나님 나라에 좋은 일꾼이 될 것입니다.

차 례

LESSON

THE PARABLES OF JESUS

"좋은 땅에 뿌려졌다는 것은 말씀을 듣고 깨닫는 자니
결실하여 어떤 것은 백 배, 어떤 것은 육십 배,
어떤 것은 삼십 배가 되느니라 하시더라"

마 13:23

씨 뿌리는 비유
|마음밭을 점검하라|

농부는 정성을 다해 씨를 뿌린다. 그런데 똑같은 씨가 땅에 뿌려져도 그 결과는 다르게 나타난다. 마찬가지로 똑같은 하나님의 말씀을 들어도 결과는 다를 수 있다. 신앙의 성숙은 하나님의 말씀을 듣는 마음밭에 의해 결정이 나기 때문이다. 예수님의 씨 뿌리는 비유를 통해 각자의 마음밭을 확인해 보자.

마태복음 13:1-9

『[1] 그 날 예수께서 집에서 나가사 바닷가에 앉으시매 [2] 큰 무리가 그에게로 모여들거늘 예수께서 배에 올라가 앉으시고 온 무리는 해변에 서 있더니 [3] 예수께서 비유로 여러 가지를 그들에게 말씀하여 이르시되 씨를 뿌리는 자가 뿌리러 나가서 [4] 뿌릴새 더러는 길 가에 떨어지매 새들이 와서 먹어버렸고 [5] 더러는 흙이 얕은 돌밭에 떨어지매 흙이 깊지 아니하므로 곧 싹이 나오나 [6] 해가 돋은 후에 타서 뿌리가 없으므로 말랐고 [7] 더러는 가시떨기 위에 떨어지매 가시가 자라서 기운을 막았고 [8] 더러는 좋은 땅에 떨어지매 어떤 것은 백 배, 어떤 것은 육십 배, 어떤 것은 삼십 배의 결실을 하였느니라 [9] 귀 있는 자는 들으라 하시니라』

마태복음 13:18-23

『[18] 그런즉 씨 뿌리는 비유를 들으라 [19] 아무나 천국 말씀을 듣고 깨닫지 못할 때는 악한 자가 와서 그 마음에 뿌려진 것을 빼앗나니 이는 곧 길 가에 뿌려진 자요 [20] 돌밭에 뿌려졌다는 것은 말씀을 듣고 즉시 기쁨으로 받되 [21] 그 속에 뿌리가 없어 잠시 견디다가 말씀으로 말미암아 환난이나 박해가 일어날 때에는 곧 넘어지는 자요 [22] 가시떨기에 뿌려졌다는 것은 말씀을 들으나 세상의 염려와 재물의 유혹에 말씀이 막혀 결실하지 못하는 자요 [23] 좋은 땅에 뿌려졌다는 것은 말씀을 듣고 깨닫는 자니 결실하여 어떤 것은 백 배, 어떤 것은 육십 배, 어떤 것은 삼십 배가 되느니라 하시더라』

1. 길 가에 뿌려진 씨에 대해 살펴보자(4절).

길 가는 밭과 밭 사이의 통행로이기에 많은 사람이 밟고 다녀서 단단하게 굳어진다. 그래서 씨가 뿌리를 내릴 수 없기에 팔레스타인에 있는 300여 종류의 새가 와서 먹어버린다.

(1) 단단하게 굳어 있는 마음을 가지면 말씀을 받아들이기 어려운 이유가 무엇일까?

_____

_____

_____

_____

_____

(2) 자신의 삶에서 말씀이 마음에 뿌리를 내리는데 방해가 되는 것이 무엇인지 말해 보라.

_____

_____

_____

_____

_____

(3) 하나님의 말씀인 성경의 능력에 대해 아는 대로 말해 보라.

_____

_____

_____

_____

_____

2. 돌밭에 뿌려진 씨에 대해 살펴보자.

팔레스타인 지역은 암석으로 형성된 곳이 많아서 밭을 일구었을 때 흙의 두께가 얇은 지점이 있다. 이곳에 씨가 뿌려지면 일시적으로는 싹이 나지만 싹이 뿌리를 내릴 수 없기에 더 이상 성장하지 못하고 해가 나면 시들고 만다. 말씀을 기쁨으로 받고 회개하는 것처럼 보이지만 말씀을 행하지 않기에 큰 변화가 없다. 문제나 어려움이 생기면 하나님과 멀어진다.

(1) 돌밭과 같은 마음밭을 가진 사람을 예수님은 '잠시 견디다가 곧 넘어지는 자' 라고 하셨다. 이런 자는 결실이 없다. 그 이유가 무엇일까?

_____

_____

_____

_____

_____

(2) 자신의 문제를 살펴보고 문제점을 해결하기 위해 어떻게 할 것인지 말해 보라.

_____

_____

_____

_____

_____

3. 가시밭에 뿌려진 씨에 대해 살펴보자.

씨를 뿌릴 때 어떤 씨앗은 가시떨기가 있는 곳에 떨어져서 함께 자란다. 가시떨기와 함께 자라면 어느 정도까지는 자라지만 가시떨기의 그늘에서 영양분을 빼앗겨서 열매를 맺을 수 없게 된다.
복음을 받고 오랫동안 신앙생활은 하지만 열매가 없는 자이다. 가시떨기가 신앙의 성장을 방해한다. 신앙에 방해되는 요소에 갇혀서 겨우 신앙의 명맥만을 유지하는 사람이다.

(1) 가시밭에 뿌려진 씨가 결실하지 못하는 이유는 무엇인가?(22절)

_____

_____

_____

_____

_____

_____

(2) 마태복음 6장 33절이 주는 교훈을 말해 보자.

_____

_____

_____

_____

_____

4. 좋은 땅에 뿌려진 씨에 대하여 살펴보자(23절).

좋은 땅은 식물이 자라서 열매 맺기에 좋은 조건을 갖추고 있다. 좋은 땅은 돌과 잡초가 제거되고 충분한 수분이 있는 옥토를 말한다. 씨앗을 받아 열매를 맺을 수 있는 상태가 바로 좋은 땅인 것이다.

(1) 좋은 땅에 뿌려졌다는 것은 하나님의 말씀을 받고 행할 수 있는 마음을 말한다. 23절에서 예수님께서 결실하여 백 배, 육십 배, 삼십 배가 된다고 하셨다. 결실은 미완료 시제로 결실이 계속적으로 열매를 맺는 것을 말한다. 느낀 점과 고쳐야 할 점이 있으면 말해 보라.

_____
_____
_____
_____
_____

(2) 신앙의 열매는 좋은 땅과 같은 마음밭을 만드는데 있다. 지금까지 하나님의 말씀을 행하므로 맺은 열매와 행하지 않으므로 열매 맺지 못해 아쉬운 점이 있으면 말해 보라(계 22:7,12).

_____
_____
_____
_____
_____
_____

5. 오늘 말씀을 통해 느낀 점과 결단한 것을 말하고, 성령님의 도우심을 구하며 합심해서 기도하는 시간을 가지도록 하자.

● **과   제**

성구암송 - 마태복음 13:23

『좋은 땅에 뿌려졌다는 것은 말씀을 듣고 깨닫는 자니 결실하여 어떤 것은 백 배, 어떤 것은 육십 배, 어떤 것은 삼십 배가 되느니라 하시더라』

큐   티 - 마태복음 19:16-26

알곡과 가라지 비유

| 그리스도인의 열심 |

말씀의 씨앗이 사람에게 뿌려졌을 때 열매를 맺는 사람도 있고 그렇지 못한 사람도 있다. 마음의 상태에 따라 달라진다. 말씀의 열매를 맺지 못하도록 방해하는 마귀의 열심은 대단하다. 마귀는 좋은 씨가 뿌려진 곳에 가라지를 심는다. 하나님 나라의 사역을 할 때 사단의 저항에 부딪힌다는 사실을 알아야 한다. 알곡과 가라지 비유를 통해 우리에게 주시는 교훈을 살펴보자.

마태복음 13:24-30

『[24] 예수께서 그들 앞에 또 비유를 들어 이르시되 천국은 좋은 씨를 제 밭에 뿌린 사람과 같으니 [25] 사람들이 잘 때에 그 원수가 와서 곡식 가운데 가라지를 덧뿌리고 갔더니 [26] 싹이 나고 결실할 때에 가라지도 보이거늘 [27] 집 주인의 종들이 와서 말하되 주여 밭에 좋은 씨를 뿌리지 아니하였나이까 그런데 가라지가 어디서 생겼나이까 [28] 주인이 이르되 원수가 이렇게 하였구나 종들이 말하되 그러면 우리가 가서 이것을 뽑기를 원하시나이까 [29] 주인이 이르되 가만 두라 가라지를 뽑다가 곡식까지 뽑을까 염려하노라 [30] 둘 다 추수 때까지 함께 자라게 두라 추수 때에 내가 추수꾼들에게 말하기를 가라지는 먼저 거두어 불사르게 단으로 묶고 곡식은 모아 내 곳간에 넣으라 하리라』

마태복음 13:36-43

『[36] 이에 예수께서 무리를 떠나사 집에 들어가시니 제자들이 나아와 이르되 밭의 가라지의 비유를 우리에게 설명하여 주소서 [37] 대답하여 이르시되 좋은 씨를 뿌리는 이는 인자요 [38] 밭은 세상이요 좋은 씨는 천국의 아들들이요 가라지는 악한 자의 아들들이요 [39] 가라지를 뿌린 원수는 마귀요 추수 때는 세상 끝이요 추수꾼은 천사들이니 [40] 그런즉 가라지를 거두어 불에 사르는 것 같이 세상 끝에도 그러하리라 [41] 인자가 그 천사들을 보내리니 그들이 그 나라에서 모든 넘어지게 하는 것과 또 불법을 행하는 자들을 거두어 내어 [42] 풀무 불에 던져 넣으리니 거기서 울며 이를 갈게 되리라 [43] 그 때에 의인들은 자기 아버지 나라에서 해와 같이 빛나리라 귀 있는 자는 들으라』

1. 본문의 내용을 자신의 말로 쉽게 정리하라.

_____

_____

_____

_____

_____

_____

_____

2. 좋은 씨를 뿌리는 이는 누구인가?(37절)

_____

_____

_____

_____

_____

3. 농부의 수고에 대해 각자가 생각하고 있는 바를 말해 보자.

_____

_____

_____

_____

_____

4. 농부 같은 예수님의 열심을 본받아 교회도 복음의 씨와 말씀의 씨를 뿌리므로 천국 복음을 전하는 사역을 열심히 감당해야 한다. 예수님께서 이 땅에 오셔서 하신 사역이 바로 사람의 마음에 천국을 심는 것이었다. 그 열매가 바로 우리 자신임을 알아야 한다. 농부이신 예수님의 열심을 보며 느낀 점을 말해 보라.

_____

_____

_____

_____

_____

_____

5. 지금 당신은 천국 복음을 전하고자 하는 열심이 어느 정도인지 돌아보고 디모데후서 4장 2절을 통해 느낀 점을 말해 보라.

_____

_____

_____

_____

_____

6. 가라지를 심는 자는 누구인가?(39절)

_____

_____

_____

_____

_____

7. 처음에는 그 씨가 좋은 씨인지 가라지인지 알 수가 없다. 그래서 마귀는
   가라지를 뿌림으로 열매를 맺지 못하도록 한다. 이는 마귀의 어떤 특징
   을 나타내는 것인가?(고후 11:14)

   _____

   _____

   _____

   _____

   _____

   _____

8. 가라지를 추수 때까지 가만두어야 하는 이유는 무엇인가?(28-30절)

   _____

   _____

   _____

   _____

   _____

   _____

9. 알곡과 가라지의 결과를 말하고 느낀 점을 말해 보라(41-43절).

   _____

   _____

   _____

   _____

   _____

10. 오늘 말씀이 주는 교훈을 통해 느낀 점과 결단한 것을 말하라.
   (참고/벧전 5:8, 마 26:40-41)

_____

_____

_____

_____

_____

_____

_____

● **과   제**

성구암송 – 베드로전서 5:8

『근신하라 깨어라 너희 대적 마귀가 우는 사자 같이 두루 다니며 삼킬 자를 찾나니』

큐   티 – 마태복음 26:36-46

겨자씨 한 알 비유

|신앙의 비전|

겨자씨는 가장 작은 것이지만 땅에 심으면 3.5-4m 정도의 큰 나무가 되어 새들이 둥지를 틀게 된다. 하나님의 나라도 지극히 작은 것에서 시작되지만 그 결과는 예측할 수 없다. 한 사람의 믿음은 가족과 이웃 그리고 세상에 엄청난 영향력을 끼치게 된다. 겨자씨 비유를 통해 주시는 교훈을 살펴보도록 하자.

마태복음 13:31-32

『[31] 또 비유를 들어 이르시되 천국은 마치 사람이 자기 밭에 갖다 심은 겨자씨 한 알 같으니 [32] 이는 모든 씨보다 작은 것이로되 자란 후에는 풀보다 커서 나무가 되매 공중의 새들이 와서 그 가지에 깃들이느니라』

1. 겨자씨에 대해 아는 대로 말해 보라.

_____

_____

_____

_____

_____

2. 겨자씨를 통해 우리에게 주시는 교훈을 발견해 보자.

 (1) 신앙생활을 하면서 조급해 하는 부분이 있다면 무엇인가?

_____

_____

_____

_____

_____

 (2) 남보다 빨리 인정받고 싶은 욕심은 어떤 결과를 가져올까?

_____

_____

_____

_____

_____

 (3) 영적인 성숙을 위해 회개해야 할 문제, 즉시 순종해야 할 문제를 성경을 통해 살

    펴보자.

   ① **마태복음 10:42**

② 마태복음 18:6

_____

_____

_____

_____

3. 겨자씨가 자란 후에는 새들이 와서 둥지를 튼다. 이처럼 신앙은 자신
   뿐 아니라 주위에까지 좋은 영향을 끼치는 것이다. 당신은 가족과 이
   웃에게 어떤 영향을 끼치고 있는지 말해 보라.

(1) 과거에 끼친 영향

_____

_____

_____

_____

(2) 예수 믿은 후에 끼친 영향

_____

_____

_____

_____

4. 예수님의 시작은 참으로 미약하게 보였지만, 모든 민족을 제자 삼으라
   는 예수님의 명령에 순종한 믿음의 사람들로 인해 온 인류를 구원하
   시려는 하나님의 구원계획을 성취해가게 되었다. 겨자씨 같은 믿음을
   가지기 위해 필요한 자세를 마태복음 17장 20절을 통해 말해보라.

   _____

   _____

   _____

   _____

   _____

   _____

   _____

5. 오늘 말씀을 통해 느낀 점과 결단한 것을 말하고 신앙의 비전을 가지고
   기도하자.

● **과 제**

성구암송 – 욥기 8:7

『네 시작은 미약하였으나 네 나중은 심히 창대하리라』

큐   티 – 마태복음 17:14-20

누룩 비유
| 그리스도인의 영향력 |

누룩은 영향력이 있다. 다른 것을 변화시킨다. 그리스도인들 가운데 자신은 변화되어도 다른 사람을 변화시키지는 못하는 경우가 많다. 천국을 소유한 그리스도인은 좋은 영향력을 발휘하여 자신뿐 아니라 다른 사람까지도 변화시켜야 한다. 예수님은 복음의 영향력으로 나 자신 뿐 아니라 이웃과 민족까지 변화시키기를 원하시기 때문이다.

마태복음 13:33

『또 비유로 말씀하시되 천국은 마치 여자가 가루 서 말 속에 갖다 넣어 전부 부풀게 한 누룩과 같으니라』

1. 가루 서 말은 어느 정도의 양인가?

_____

_____

_____

_____

_____

_____

2. 누룩 비유는 한 사람의 크리스천이 세상 속에서 어떤 영향력을 끼쳐
   야 하는가를 보여주는 말씀이다. 지금 당신은 어떤 영향력을 끼치고
   있는가? 자신 있게 말할 수 있는 것은 무엇인가? 아래의 내용을 진지
   하게 기록해 보라.

   (1) 가정 (자녀나 남편, 아내에게 물어보고 기록하는 것도 좋은 방법이 될 것이다.)

   ① 가정에서 끼치는 긍정적인 영향력 :

   _____

   _____

   _____

   _____

   ② 가정에서 변화가 필요한 것 :

   _____

   _____

   _____

   _____

(2) 교회

① 교회에서 끼치는 긍정적인 영향력 :

_____

_____

_____

_____

② 교회에서 변화가 필요한 것 :

_____

_____

_____

_____

(3) 직장이나 이웃

① 직장에서 끼치는 긍정적인 영향력 :

_____

_____

_____

_____

② 직장에서 변화가 필요한 것 :

_____

_____

_____

_____

3. 당신은 무엇에 의해 변화되었는가? 아래 성경을 보며 느낀 점을 말해
   보라.

   ① 로마서 1:16

   _____

   _____

   _____

   _____

   ② 에베소서 1:23

   _____

   _____

   _____

   _____

4. 주님은 그리스도인에게 어떤 역할을 기대하실까? 아래 성경을 통해
   느낀 점을 말해 보라.

   ① 마태복음 5:13

   _____

   _____

   _____

   _____

   ② 마태복음 5:14-16

   _____

   _____

   _____

5. 오늘 말씀을 통해 느낀 점을 말해 보라.

● **과   제**

성구암송 – 마태복음 5:13

『너희는 세상의 소금이니 소금이 만일 그 맛을 잃으면 무엇으로 짜게 하리요 후에는
아무 쓸 데 없어 다만 밖에 버려져 사람에게 밟힐 뿐이니라』

큐   티 – 마태복음 5:1-12

감추인 보화 비유
| 천국을 발견한 자의 기쁨 |

2,000여 년 전에는 밭에서 일하던 사람이 보물을 찾으면 그 보물을 가질 수가 있었지만, 자신의 밭이 아닐 경우에는 주인과 반씩 나눌 수밖에 없었다고 한다. 본문은 밭에서 보물을 발견한 사람이 자신이 발견한 보물을 다시 숨겨놓고 자기 소유를 다 팔아 그 밭을 산다는 내용이다. 예수님을 믿고 천국을 소유하였다면 천국의 가치를 어떻게 인식하고 있는지 말씀을 통해 깨닫는 시간이 되도록 하자.

마태복음 13:44

『천국은 마치 밭에 감추인 보화와 같으니 사람이 이를 발견한 후 숨겨두고 기뻐하며 돌아가서 자기의 소유를 다 팔아 그 밭을 사느니라』

1. 보화가 밭에 숨겨져 있었던 이유가 무엇일까? 그 당시 배경에 대해 아는 대로 말해 보라.

_____

_____

_____

_____

_____

2. 밭에서 보화를 발견하면 발견자의 입장에서는 우연히 얻은 횡재라고 볼 수 있다. 당신은 천국에 관한 사실을 어떻게 알게 되었는가?

_____

_____

_____

_____

_____

_____

3. 보화를 발견한 자의 반응은? 그리고 당신은 복음을 처음 접하고 어떤 반응을 보였는가?

_____

_____

_____

_____

_____

4. 하나님은 우리에게 천국을 주시기 위해서 어떤 준비를 하셨는가? 에 베소서 1장 4-6절을 통해 함께 생각해 보자.

_____

_____

_____

_____

_____

(1) 언제 준비하셨는가? (4절)

_____

_____

_____

_____

(2) 어떻게 택하셨으며 택하신 목적은 무엇인가?(4절)

_____

_____

_____

_____

(3) 천국의 보화를 하나님은 어떤 마음으로 준비하셨을까?(5절)

_____

_____

_____

_____

(4) 택함 받은 자의 신분에 대해 로마서 8장 15절을 통해 살펴보자.

_____

_____

_____

_____

(5) 자신이 택함 받았다는 사실에 대해 어떤 느낌을 가지고 있나? 각자의 느낌을 솔직하게 말하라.

_____

_____

_____

_____

5. 보화를 발견한 자에게 특별한 자격이 있었던 것은 아니다. 아무런 자격이 없음에도 불구하고 어느 날 보화를 발견하고 천국을 소유하게 된 것이다. 엡 2:8-9절을 통해 살펴보자.

_____

_____

_____

_____

_____

6. 밭을 산 사람은 어떤 감격을 가졌을까?

_____

_____

7. 아래 성경을 통해 천국을 소유한 자는 어떤 모습이어야 하는지 살펴
   보자.

   ① 고린도후서 6:10

   _____

   _____

   _____

   _____

   ② 데살로니가전서 5:16-18

   _____

   _____

   _____

   _____

8. 오늘 공부를 통해 결단한 것이 있으면 말해 보라.

● **과   제**

성구암송 – 로마서 8:15

『너희는 다시 무서워하는 종의 영을 받지 아니하고 양자의 영을 받았으므로 우리가
아빠 아버지라고 부르짖느니라』

큐   티 – 에베소서 1:3-6

"이르시되 내가 은혜 베풀 때에 너에게 듣고 구원의 날에
너를 도왔다 하셨으니 보라 지금은 은혜받을 만한 때요
보라 지금은 구원의 날이로다"

고후 6:2

값진 진주 비유
|천국의 가치|

어떤 진주 장수가 값진 진주를 사기 위해 헤매고 다녔다. 그의 목표는 오직 최고의 진주였다. 드디어 세상에서 최고로 값진 진주를 발견했을 때 자신의 재산을 다 팔아 그 값진 진주를 샀다. '감추인 보화 비유'에서는 보화를 전혀 예상하지 못한 곳에서 발견한 것이라면, '값진 진주 비유'는 진주를 발견하기 위해 이곳저곳 돌아다니다가 발견한 것이다. 본문 역시 천국에 대한 비유이다. 말씀이 주는 교훈을 살펴보자.

마태복음 13:45-46

『[45] 또 천국은 마치 좋은 진주를 구하는 장사와 같으니 [46] 극히 값진 진주 하나를 발견하매 가서 자기의 소유를 다 팔아 그 진주를 사느니라』

1. 진주의 가치에 대해 아는 대로 말해 보라.

_____

_____

_____

_____

_____

_____

2. 눈에 보이는 진주의 가치는 인정하면서 천국의 가치를 모른다는 것은
   참으로 안타까운 일이 아닐 수 없다. 다음 성경을 통해 천국에 대해
   알아보자.

   ① 요한복음 14:1-3

_____

_____

_____

_____

_____

   ② 요한계시록 21:4

_____

_____

_____

_____

③ 요한계시록 21:23-25

_____

_____

_____

_____

_____

3. 좋은 진주를 사기 위해 자기 재산을 다 팔아 그 진주를 소유하는 모습
  에서 느낀 점을 말해보라.

_____

_____

_____

_____

_____

4. 마태복음 11장 12절을 통해 느낀 점을 말해 보라.

_____

_____

_____

_____

_____

5. 고린도후서 6장 2절을 통해 느낀 점을 말해 보라.

_____

_____

_____

_____

_____

_____

6. 오늘 말씀을 통해 결단한 것을 말하고 서로를 위해 기도해 주는 시간
   을 가지자.

● **과   제**

성구암송 – 고린도후서 6:2

『이르시되 내가 은혜 베풀 때에 너에게 듣고 구원의 날에 너를 도왔다 하셨으니 보
라 지금은 은혜받을 만한 때요 보라 지금은 구원의 날이로다』

큐   티 – 디모데후서 4:1-8

그물 비유
| 천국은 어떻게 완성되는가? |

그물 비유는 천국에 대한 마지막 비유로 천국이 어떻게 완성되는가를 보여준다. 이 세상 교회에는 진정한 크리스천도 있고 거듭나지 못한 자도 있다. 지금은 잘 드러나지 않지만 마지막 심판 때에는 그것이 분명하게 드러난다. 이 세상의 교회는 불완전하지만 천국에 대한 분명한 소망을 가지고 살아간다면 우리의 시선이 다른 곳으로 흐트러지지 않을 것이다. 그물 비유를 함께 공부하도록 하자.

마태복음 13:47-50

『[47] 또 천국은 마치 바다에 치고 각종 물고기를 모는 그물과 같으니 [48] 그물에 가득하매 물 가로 끌어내고 앉아서 좋은 것은 그릇에 담고 못된 것은 내버리느니라 [49] 세상 끝에도 이러하리라 천사들이 와서 의인 중에서 악인을 갈라내어 [50] 풀무불에 던져 넣으리니 거기서 울며 이를 갈리라』

1. 마태복음 13장 47절에서 고기 잡는 어부가 그물에 고기를 모으는 모습을 통해 무엇을 연상할 수 있나?

_____

_____

_____

_____

_____

2. 47절을 통해 교회는 여러 종류의 사람이 모이는 곳임을 알 수 있다. 이 사실을 통해 생각해 볼 수 있는 것은 무엇인가?

_____

_____

_____

_____

_____

3. 다음 성경을 통해 하나님의 사랑을 생각하는 시간을 가지자.

① 이사야 1:18

_____

_____

_____

_____

② 마태복음 11:28

_____

_____

_____

_____

4. 48절에 나오는 '물가'는 무엇을 의미하는 것일까?

_____

_____

_____

_____

_____

_____

5. 49절을 통해 도전받는 부분이 있으면 말해 보라.

_____

_____

_____

_____

_____

_____

6. 50절은 마지막 심판 때에 있을 악인들의 영원한 형벌을 경고하고 있다. 어떤 느낌을 받게 되는가?(마13:42)

_____

_____

_____

_____

_____

_____

_____

7. 오늘 우리에게 주신 말씀을 통해 깨닫고 결단한 것을 말하고 함께 기도하는 시간을 가지자.

● **과 제**

성구암송 – 이사야 1:18

『여호와께서 말씀하시되 오라 우리가 서로 변론하자 너희의 죄가 주홍 같을지라도 눈과 같이 희어질 것이요 진홍 같이 붉을지라도 양털 같이 희게 되리라』

큐   티 – 마태복음 8:5-13

무자비한 종 비유
|용서의 도|

예수님 당시 바리새인들은 율법으로 사람들을 평가하고 비판하였다. 율법을 지키지 않는 자들을 정죄하고 고발하는 것을 예사로 생각하였다. 예수님의 사랑과 은혜에 대한 감격이 식어지면 형제나 이웃을 비판과 정죄의 눈으로 바라보기 쉽다. 그러나 천국은 사랑과 용서의 나라이기에 그리스도인은 사랑과 용서의 삶을 살아야 한다. 본문이 주는 교훈을 살펴보자

마태복음 18:21-35

『[21] 그 때에 베드로가 나아와 이르되 주여 형제가 내게 죄를 범하면 몇 번이나 용서하여 주리이까 일곱 번까지 하오리이까 [22] 예수께서 이르시되 네게 이르노니 일곱 번뿐 아니라 일곱 번을 일흔 번까지라도 할지니라 [23] 그러므로 천국은 그 종들과 결산하려 하던 어떤 임금과 같으니 [24] 결산할 때에 만 달란트 빚진 자 하나를 데려오매 [25] 갚을 것이 없는지라 주인이 명하여 그 몸과 아내와 자식들과 모든 소유를 다 팔아 갚게 하라 하니 [26] 그 종이 엎드려 절하며 이르되 내게 참으소

서 다 갚으리이다 하거늘 [27] 그 종의 주인이 불쌍히 여겨 놓아 보내며 그 빚을 탕감하여 주었더니 [28] 그 종이 나가서 자기에게 백 데나리온 빚진 동료 한 사람을 만나 붙들어 목을 잡고 이르되 빚을 갚으라 하매 [29] 그 동료가 엎드려 간구하여 이르되 나에게 참아 주소서 갚으리이다 하되 [30] 허락하지 아니하고 이에 가서 그가 빚을 갚도록 옥에 가두거늘 [31] 그 동료들이 그것을 보고 몹시 딱하게 여겨 주인에게 가서 그 일을 다 알리니 [32] 이에 주인이 그를 불러다가 말하되 악한 종아 네가 빌기에 내가 네 빚을 전부 탕감하여 주었거늘 [33] 내가 너를 불쌍히 여김과 같이 너도 네 동료를 불쌍히 여김이 마땅하지 아니하냐 하고 [34] 주인이 노하여 그 빚을 다 갚도록 그를 옥졸들에게 넘기니라 [35] 너희가 각각 마음으로부터 형제를 용서하지 아니하면 나의 하늘 아버지께서도 너희에게 이와 같이 하시리라』

1. 본문의 내용을 요약해 보라.

_____
_____
_____
_____
_____
_____
_____

2. 베드로가 생각한 용서의 한도는 몇 번까지였는가?(21절)

_____

_____

_____

_____

_____

_____

3. 예수님은 몇 번까지 용서하라고 하셨나?(22절)

_____

_____

_____

_____

_____

_____

_____

4. 예수님은 몇 번까지 용서하라고 하셨나?(24절)

(1) 일만 달란트는 어느 정도의 가치인가?

_____

_____

_____

_____

(2) 일만 달란트가 주는 의미는 무엇인가?

_____

_____

_____

_____

(3) 일만 달란트 빚진 자는 어떻게 탕감을 받았는가?(25-27절)

_____

_____

_____

_____

(4) 하나님의 자비하심은 어떻게 나타났는가?(롬 5:8)

_____

_____

_____

_____

_____

5. 일만 달란트 탕감 받은 자의 이후 모습을 살펴보자(28-30절).

_____

_____

_____

_____

_____

_____

6. 탕감 받은 자가 자신에게 빚진 자를 만난 것은 좋은 기회를 얻은 것이다. 어떤 기회일까?

_____

_____

_____

_____

_____

7. 일만 달란트 탕감 받은 자에 대한 임금의 분노는 무엇을 의미하는가? 각자의 느낀 점을 말해 보라(34절).

_____

_____

_____

_____

_____

_____

8. 오늘 말씀을 통해 느낀 점을 말해 보라.

● **과 제**

성구암송 – 마태복음 18:35

『너희가 각각 마음으로부터 형제를 용서하지 아니하면 나의 하늘 아버지께서도 너희에게 이와 같이 하시리라』

큐   티 – 마태복음 20:1-16

포도원 품꾼 비유
| 그리스도인의 봉사 |

포도원 품꾼 비유는 바른 봉사를 가르쳐 주신 비유이다. 하나님의 뜻에 맞지 않는 봉사는 하나님의 사역을 방해하는 결과를 가져오기에 자신에게 유익이 없다. 예수님은 이 땅에 섬기기 위해 오셨다. 이 시간 말씀을 통해 섬김의 도를 배우도록 하자.

마태복음 20:1-16
『[1] 천국은 마치 품꾼을 얻어 포도원에 들여보내려고 이른 아침에 나간 집 주인과 같으니 [2] 그가 하루 한 데나리온씩 품꾼들과 약속하여 포도원에 들여보내고 [3] 또 제삼시에 나가 보니 장터에 놀고 서 있는 사람들이 또 있는지라 [4] 그들에게 이르되 너희도 포도원에 들어가라 내가 너희에게 상당하게 주리라 하니 그들이 가고 [5] 제육시와 제구시에 또 나가 그와 같이 하고 [6] 제십일시에도 나가 보니 서 있는 사람들이 또 있는지라 이르되 너희는 어찌하여 종일토록 놀고 여기 서 있느냐 [7] 이르되 우리를 품꾼으로 쓰는 이가 없음이니이다 이르되 너희도 포도원에 들어가라 하니라 [8] 저물매 포도원 주인이 청지기에게 이르되 품꾼들을 불러 나중 온 자로부터 시작하여 먼저 온 자까지 삯을 주라 하니 [9] 제십일시에 온 자들이 와서 한 데나리온씩을 받거늘 [10] 먼저 온 자들이 와서 더 받을 줄 알았더니 그들도 한 데나리온씩 받은지라 [11] 받은 후 집 주인을 원망하여 이르되 [12] 나중 온 이 사람들은 한 시간밖에 일하지 아니하였거늘 그들을 종일 수고하며 더위를 견딘 우리와 같게 하였나이다 [13] 주인이 그 중의 한 사람에게 대답하여 이르되 친구여 내가 네게 잘못한 것이 없노라 네가 나와 한 데나리온의 약속을 하지 아니하였느냐 [14] 네 것이나 가지고 가라 나중 온 이 사람에게 너와 같이 주는 것이 내 뜻이니라 [15] 내 것을 가지고 내 뜻대로 할 것이 아니냐 내가 선하므로 네가 악하게 보느냐 [16] 이와 같이 나중 된 자로서 먼저 되고 먼저 된 자로서 나중 되리라』

1. 본문의 내용을 자신의 말로 쉽게 정리해 보라.

_____

_____

_____

_____

_____

2. 성경에 나오는 포도원은 천국 혹은 교회에 비유한다. 이는 팔레스타인 지방에 포도원이 많은 까닭이었을 것이다. 포도원에서 열매를 얻기 위해서는 일꾼이 있어야 하듯 교회에도 일꾼이 필요하다. 교회에서 주님께서 원하시는 일꾼이 되기 위해 어떤 노력을 하고 있는가?

_____

_____

_____

_____

_____

3. 주인은 품꾼들을 어떻게 모집했는가?

(1) 모집 시간

_____

_____

_____

(2) 임금 액수

_____

_____

_____

4. 9시와 11시에도 일꾼을 모집한 주인을 보며 어떤 교훈을 얻을 수 있는가?

_____

_____

_____

_____

_____

5. 먼저 온 자들은 품삯을 받고 나중 온 사람과 비교해서 불공정하다고 원망하고 있다. 원망한 이유를 12절에서 살펴보라.

_____

_____

_____

_____

_____

_____

6. 주인은 먼저 온 자들을 책망하며 그들의 원망이 부당함을 말하고 있다. 그 내용을 말해보라(13-14절).

_____

_____

_____

_____

_____

_____

_____

7. 세상의 눈으로 보면 먼저 온 자들의 원망은 당연한 것처럼 보인다. 그러나 신앙의 관점에서는 다르다. 구원받은 성도들이 가져야 할 자세를 다음 성경을 통해 살펴보자.

(1) 고린도전서 15:10

_____

_____

_____

_____

(2) 누가복음 17:10

_____

_____

_____

_____

(3) 고린도전서 10:24

_____

_____

_____

_____

8. 오늘 주신 말씀을 통해 느낀 점과 결단한 것을 말하고 함께 기도하자.

● **과   제**

성구암송 – 고린도전서 10:24

『누구든지 자기의 유익을 구하지 말고 남의 유익을 구하라.』

큐   티 – 마태복음 8:5-13

"너희가 각각 마음으로부터 형제를 용서하지 아니하면
나의 하늘 아버지께서도 너희에게 이와 같이 하시리라"

마 18:35

혼인잔치 비유
| 하나님의 초청 |

하나님은 사람들을 초청하셨다. 그 잔치는 모든 것이 준비된 귀하고 성대한 잔치였다. 그러나 사람들은 도무지 관심이 없었다. 자기의 일에만 열심이었다. 그리고 초청장을 가지고 간 종들을 능욕해서 죽이는 만행을 저질렀다. 하나님은 이 땅에 예수 그리스도를 보내서서 천국으로 초청하고 있다. 천국은 기쁨과 축복의 잔치이다. 이 시간 혼인잔치 비유를 통해 우리에게 주시는 교훈을 살펴보자.

마태복음 22:1-14

『[1] 예수께서 다시 비유로 대답하여 이르시되 [2] 천국은 마치 자기 아들을 위하여 혼인 잔치를 베푼 어떤 임금과 같으니 [3] 그 종들을 보내어 그 청한 사람들을 혼인 잔치에 오라 하였더니 오기를 싫어하거늘 [4] 다시 다른 종들을 보내며 이르되 청한 사람들에게 이르기를 내가 오찬을 준비하되 나의 소와 살진 짐승을 잡고 모든 것을 갖추었으니 혼인 잔치에 오소서 하라 하였더니 [5] 그들이 돌아보지도 않고 한 사람은 자기 밭으로, 한 사람은 자기 사업하러 가고 [6] 그 남은 자들은 종들을 잡아 모욕하고 죽이니 [7] 임금이 노하여 군대를 보내어 그 살인한 자들을 진멸하고 그 동네를 불사르고 [8] 이에 종들에게 이르되 혼인 잔치는 준비되었으나 청한 사람들은 합당하지 아니하니 [9] 네거리 길에 가서 사람을 만나는 대로 혼인 잔치에 청하여 오라 한대 [10] 종들이 길에 나가 악한 자나 선한 자나 만나는 대로 모두 데려오니 혼인 잔치에 손님들이 가득한지라 [11] 임금이 손님들을 보러 들어올새 거기서 예복을 입지 않은 한 사람을 보고 [12] 이르되 친구여 어찌하여 예복을 입지 않고 여기 들어왔느냐 하니 그가 아무 말도 못하거늘 [13] 임금이 사환들에게 말하되 그 손발을 묶어 바깥 어두운 데에 내던지라 거기서 슬피 울며 이를 갈게 되리라 하니라 [14] 청함을 받은 자는 많되 택함을 입은 자는 적으니라』

1. 본문의 내용을 요약해 보라.

_____

_____

_____

_____

_____

2. 3-4절을 통해 잔치를 베푼 임금의 어떤 마음을 엿볼 수 있나?

* 준비된 잔치에 오기 싫어하는 사람들에게 다시 종을 보내서 간절히 초청하고 있다. 얼마나 정성껏 준비한 완벽한 잔치인지 알 수 있다.

_____
_____
_____
_____
_____

3. 초대받은 사람들의 첫 번째 반응은 무관심이었다. 무관심한 자들의 이
   유는 무엇이었나?(5절)

_____
_____
_____
_____
_____
_____

4. 초청받은 사람들의 두 번째 반응은 적대적이었다. 종들을 잡아 죽이고
   능욕했다(6절). 헤롯왕은 아기 예수를 죽이려 했고(마 2:16), 대제사장
   들은 예수님을 능욕했다(마26:65-68). 바울도 그랬다. 그러나 주님은
   바울을 끝까지 초청하셨다. 바울의 고백을 보며 느낀 점을 말해보라
   (고전15:10).

_____
_____
_____
_____
_____

5. 임금은 초청한 자들이 거부하자 이방인을 초청하기로 했다. 비록 자격은 없지만 사거리 길에서 만나는 대로 초청하기 시작했다(8-10절). 우리에게 주시는 교훈은 무엇인가?

_____

_____

_____

_____

_____

_____

6. 사거리 길로 나가서 사람을 만나는 대로 혼인잔치에 초청하는 임금을 통해 하나님의 어떤 마음을 알 수 있나?

_____

_____

_____

_____

_____

_____

7. 초청은 받았으나 예복을 입지 않으면 잔치에 참석할 수 없다. 무엇을 의미하는가?(11-13절, 롬5:9)

_____

_____

8. 오늘 말씀을 통해 결단한 것을 말하고 합심해서 기도하는 시간을 가지자.

● **과 제**

성구암송 – 로마서 5:9

『그러면 이제 우리가 그의 피로 말미암아 의롭다 하심을 받았으니 더욱 그로 말미암아 진노하심에서 구원을 받을 것이니』

큐 티 – 요한복음 3:14-17

열 처녀 비유

| 미련한 자에게 내린 최종선고 |

본문은 천국을 혼인잔치에 비유하고 있다. 인생이 가야 할 종착역은 바로 천국이다. 천국은 잔치집이다. 본문에 나오는 열 처녀 비유는 예수님의 재림에 대한 내용이다. 예수님의 재림에 대해서 미리 준비한 자만이 예수님과 함께 잔치에 참석할 수 있음을 알려 주고 있다. 열처녀 비유를 통해 주시는 교훈을 살펴보자.

마태복음 25:1-13

『[1] 그 때에 천국은 마치 등을 들고 신랑을 맞으러 나간 열 처녀와 같다 하리니 [2] 그 중의 다섯은 미련하고 다섯은 슬기 있는 자라 [3] 미련한 자들은 등을 가지되 기름을 가지지 아니하고 [4] 슬기 있는 자들은 그릇에 기름을 담아 등과 함께 가져갔더니 [5] 신랑이 더디 오므로 다 졸며 잘 새 [6] 밤중에 소리가 나되 보라 신랑이로다 맞으러 나오라 하매 [7] 이에 그 처녀들이 다 일어나 등을 준비할 새 [8] 미련한 자들이 슬기 있는 자들에게 이르되 우리 등불이 꺼져가니 너희 기름을 좀 나눠 달라 하거늘 [9] 슬기 있는 자들이 대답하여 이르되 우리와 너희가 쓰기에

다 부족할까 하노니 차라리 파는 자들에게 가서 너희 쓸 것을 사라 하니 [10] 그들이 사러 간 사이에 신랑이 오므로 준비하였던 자들은 함께 혼인 잔치에 들어가고 문은 닫힌지라 [11] 그 후에 남은 처녀들이 와서 이르되 주여 주여 우리에게 열어 주소서 [12] 대답하여 이르되 진실로 너희에게 이르노니 내가 너희를 알지 못하노라 하였느니라 [13] 그런즉 깨어 있으라 너희는 그 날과 그 때를 알지 못하느니라』

1. 본문을 간략하게 요약하라.

_____

_____

_____

_____

_____

_____

_____

2. 유대인의 결혼 관습에 대해 아는 대로 말해 보라.

_____

_____

_____

_____

_____

3. 미련한 다섯 처녀가 준비하지 못한 것이 무엇인가?(3절)

_____

_____

_____

_____

_____

4. 등은 성도들의 외형적인 신앙의 모습을 나타내며, 기름은 성령을 통한 믿음이라고 할 수 있다. 고린도전서 12장 3절을 통해 느낀 점을 말해 보자.

_____

_____

_____

_____

_____

_____

_____

5. 외형적인 믿음에 대한 성경의 교훈을 살펴보자.

 (1) 마태복음 6:1

_____

_____

_____

_____

(2) 사무엘상 16:7

_____

_____

_____

_____

6. 8절의 미련한 자들이 슬기있는 처녀들에게 기름을 달라고 하소연하는 것을 통해 느낀 점을 말해 보라.

_____

_____

_____

_____

_____

_____

7. 미련한 다섯 처녀를 통해 배울 수 있는 또 다른 교훈을 고린도후서 6장 2절을 통해 살펴보고 느낀 점을 말해 보라.

_____

_____

_____

_____

_____

8. 미련한 처녀들이 급히 등에 기름을 넣어서 달려갔을 때는 이미 문이 닫혔고 애절하게 간청해도 문은 다시는 열리지 않았다. 본문 11-12절을 통해 느낀 점과 결단한 것을 말해 보라.

_____

_____

_____

_____

_____

_____

_____

9. 오늘 말씀을 통해서 느낀 점을 말해 보자.

● 과   제

성구암송 – 고린도후서 6:2

『이르시되 내가 은혜 베풀 때에 너에게 듣고 구원의 날에 너를 도왔다 하셨으니 보라 지금은 은혜 받을 만한 때요 보라 지금은 구원의 날이로다』

큐   티 – 로마서 13:11-14

달란트 비유
| 충성된 종과 게으른 종의 결산 |

피조물인 인간이 하나님을 위해 무슨 일을 할 수 있다면 이보다 더한 영광은 없을 것이다. 하나님은 우리에게 필요한 모든 것을 공급하셨다. 그것도 모두 거저 주신 것이다. 우리가 누리는 모든 것은 하나님의 은혜라고 할 수 있다. 그렇다면 창조주 하나님께 쓰임 받는 것은 영광이요 기쁨인 것이다. 달란트 비유를 통해 우리에게 주시는 교훈을 살펴보자.

마태복음 25:14-30

『[14] 또 어떤 사람이 타국에 갈 때 그 종들을 불러 자기 소유를 맡김과 같으니 [15] 각각 그 재능대로 한 사람에게는 금 다섯 달란트를, 한 사람에게는 두 달란트를, 한 사람에게는 한 달란트를 주고 떠났더니 [16] 다섯 달란트 받은 자는 바로 가서 그것으로 장사하여 또 다섯 달란트를 남기고 [17] 두 달란트 받은 자도 그같이 하여 또 두 달란트를 남겼으되 [18] 한 달란트 받은 자는 가서 땅을 파고 그 주인의 돈을 감추어 두었더니 [19] 오랜 후에 그 종들의 주인이 돌아와 그들과 결산할새 [20] 다섯 달란트 받았던 자는 다섯 달란트를 더 가지고 와서 이르되 주인이여 내게 다섯 달란트를 주셨는데 보소서 내가 또 다섯 달란트를 남겼나이다 [21] 그 주인이 이르되 잘하였도다 착하고 충성된 종아 네가 적은 일에 충성하였으매 내가 많은 것을 네게 맡기리니 네 주인의 즐거움에 참여할지어다 하고 [22] 두 달란트 받았던 자도 와서 이르되 주인이여 내게 두 달란트를 주셨는데 보소서 내가 또 두 달란트를 남겼나이다 [23] 그 주인이 이르되 잘하였도다 착하고 충성된 종아 네가 적은 일에 충성하였으매 내가 많은 것을 네게 맡기리니 네 주인의 즐거움에 참여할지어다 하고 [24] 한 달란트 받았던 자는 와서 이르되 주인이여 당신은 굳은 사람이라 심지 않은 데서 거두고 헤치지 않은 데서 모으는 줄을 내가 알았으므로 [25] 두려워하여 나가서 당신의 달란트를 땅에 감추어 두었나이다 보소서 당신의 것을 가지셨나이다 [26] 그 주인이 대답하여 이르되 악하고 게으른 종아 나는 심지 않은 데서 거두고 헤치지 않은 데서 모으는 줄로 네가 알았느냐 [27] 그러면 네가 마땅히 내 돈을 취리하는 자들에게나 맡겼다가 내가 돌아와서 내 원금과 이자를 받게 하였을 것이니라 하고 [28] 그에게서 그 한 달란트를 빼앗아 열 달란트 가진 자에게 주라 [29] 무릇 있는 자는 받아 풍족하게 되고 없는 자는 그 있는 것까지 빼앗기리라 [30] 이 무익한 종을 바깥 어두운 데로 내쫓으라 거기서 슬피 울며 이를 갈리라 하니라』

1. 내용을 간략하게 요약하라.

_____

_____

_____

_____

_____

2. 어떤 사람이 종들에게 달란트를 맡기고 타국에 갔다는 것은 무엇을 의미할까? .

_____

_____

_____

_____

3. 주인은 종의 재능에 따라 일을 맡겼다. 여기서 재능은 '자신의 힘이나 능력에 따라'라는 뜻이다. 지금 자기가 맡은 일에 대해 최선을 다하고 있다고 생각하는가? 그렇지 못하다면 그 이유가 무엇이라고 생각하나?

달란트는 신약 시대에는 무게와 화폐의 단위로 동시에 쓰였다. 본문의 경우에는 화폐의 단위로써, 1달란트는 6,000데나리온에 해당하는 엄청난 가치가 된다(1데나리온은 노동자 1일 품삯에 해당). 이는 주인이 맡긴 달란트가 대단한 가치를 가진 것이라는 의미이다.

_____

_____

_____

_____

4. 종에게 달란트를 맡긴 주인은 어떤 마음으로 떠났을까?

_____

_____

_____

_____

5. 다섯 달란트와 두 달란트 받은 자는 달란트를 받은 후 어떻게 했
   나?(16-17절)

   _____

   _____

   _____

   _____

   _____

   _____

6. 한 달란트 받은 자가 달란트를 남기지 못한 이유가 어디에 있다고 생
   각하는가?(18, 24, 25절)

   _____

   _____

   _____

   _____

   _____

   _____

   _____

7. 주인에게서 칭찬받은 내용을 보며 나름대로 느낀 점을 말해 보자(21,
   23절).

   _____

   _____

_____

_____

_____

_____

_____

8. 책망 받은 한 달란트 받은 자의 모습을 보며 느낀 점을 말해 보라(28-
   30절).

_____

_____

_____

_____

_____

9. 오늘 공부를 통해 느낀 점을 말하고 새롭게 결단한 것을 말해 보라.

● **과   제**

성구암송 – 누가복음 17:10

『이와 같이 너희도 명령 받은 것을 다 행한 후에 이르기를 우리는 무익한 종이라 우
리가 하여야 할 일을 한 것뿐이라 할지니라』

큐   티 – 누가복음 17:1-10

13

선한 사마리아인 비유
| 이웃에 대한 사랑 |

유대인과 사마리아인은 서로 적대 관계에 있었다. 그럼에도 사마리아 사람은 강도 만난 유대인을 향해 최선의 사랑을 베풀었다. 이웃 사랑에 어떤 기준과 한계를 두는 사람들에게 큰 도전을 주는 내용이다. 예수님은 죄인인 우리를 위해 십자가에 못 박혀 돌아가셨다. 사랑받을 자격이 없는 우리를 사랑하신 주님께서 선한 사마리아 사람을 통해 어떤 교훈을 주시는지 살펴보자.

누가복음 10:30-37

『[30] 예수께서 대답하여 이르시되 어떤 사람이 예루살렘에서 여리고로 내려가다가 강도를 만나매 강도들이 그 옷을 벗기고 때려 거의 죽은 것을 버리고 갔더라 [31] 마침 한 제사장이 그 길로 내려가다가 그를 보고 피하여 지나가고 [32] 또 이와 같이 한 레위인도 그 곳에 이르러 그를 보고 피하여 지나가되 [33] 어떤 사마리아 사람은 여행하는 중 거기 이르러 그를 보고 불쌍히 여겨 [34] 가까이 가서 기름과 포도주를 그 상처에 붓고 싸매고 자기 짐승에 태워 주막으로 데리고 가서 돌보아 주니라 [35] 그 이튿날 그가 주막 주인에게 데나리온 둘을 내어 주며 이르되 이 사람을 돌보아 주라 비용이 더 들면 내가 돌아올 때에 갚으리라 하였으니 [36] 네 생각에는 이 세 사람 중에 누가 강도 만난 자의 이웃이 되겠느냐 [37] 이르되 자비를 베푼 자니이다 예수께서 이르시되 가서 너도 이와 같이 하라 하시니라』

1. 본문의 내용을 쉽게 요약해 보라.

_____

_____

_____

_____

_____

2. 강도 만난 사람을 본 사람들의 프로필을 간단히 기록하라.

(1) 제사장 (민 19:11)

_____

_____

_____

_____

(2) 레위인 (민 18:3-4)

_____

_____

_____

(3) 사마리아인 (왕하 17:24–26)

_____

_____

_____

_____

_____

3. 대제사장과 레위인은 하나님께 예배드리는 일에 열심이었지만 강도 만난 자를 외면하고 있다. 이들의 모습을 보며 어떤 교훈을 얻을 수 있나?

_____

_____

_____

_____

_____

_____

_____

_____

4. 사마리아인의 행동을 구체적으로 기록해 보고 느낀 점을 말해 보라.

(1) 33절

_____

_____

_____

_____

(2) 34절

_____

_____

_____

_____

(3) 35절

_____

_____

_____

_____

5. 이웃 사랑과 하나님 사랑과는 어떤 관계가 있는지 살펴보자(마 22:39, 요일 4:20).

_____

_____

_____

_____

_____

_____

_____

6. 당신이 지금 돌보아 주어야 할 이웃이 누군지 말해 보라.

_____

_____

_____

_____

7. 오늘 말씀을 통해 결단한 것을 말하고 이를 위해 합심해서 기도하자.

● **과 제**

성구암송 - 요한일서 4:20

『누구든지 하나님을 사랑하노라 하고 그 형제를 미워하면 이는 거짓말하는 자니 보는 바 그 형제를 사랑하지 아니하는 자는 보지 못하는 바 하나님을 사랑할 수 없느니라』

큐   티 - 누가복음 6:27-36

밤중에 찾아온 친구 비유
| 간청하는 기도 |

기도는 선택이 아니라 필수이다. 많은 사람들이 기도는 해도 되고 안해도 되는 것처럼 생각한다. 분명한 것은 기도는 아무리 강조해도 지나치지 않다. 미국 목사인 로저 뱁슨은 "기도는 세상에서 가장 위대하고 강한 힘이다."라고 말했다. 기도는 전능하신 하나님의 전능을 움켜잡는 것이다. 기도 없이 하나님을 깊이 알 수가 없다. 이 시간 밤중에 찾아온 친구 비유를 통해 기도에 대해 공부해 보자.

누가복음 11:5-13

『[5] 또 이르시되 너희 중에 누가 벗이 있는데 밤중에 그에게 가서 말하기를 벗이여 떡 세 덩이를 내게 꾸어 달라 [6] 내 벗이 여행중에 내게 왔으나 내가 먹일 것이 없노라 하면 [7] 그가 안에서 대답하여 이르되 나를 괴롭게 하지 말라 문이 이미 닫혔고 아이들이 나와 함께 침실에 누웠으니 일어나 네게 줄 수가 없노라 하겠느냐 [8] 내가 너희에게 말하노니 비록 벗 됨으로 인하여서는 일어나서 주지 아니할지라도 그 간청함을 인하여 일어나 그 요구대로 주리라 [9] 내가 또 너희에게 이르노니 구하라 그러면 너희에게 주실 것이요 찾으라 그러면 찾아낼 것이요 문을 두

드리라 그러면 너희에게 열릴 것이니 [10] 구하는 이마다 받을 것이요 찾는 이는 찾아낼 것이요 두드리는 이에게는 열릴 것이니라 [11] 너희 중에 아버지 된 자로서 누가 아들이 생선을 달라 하는데 생선 대신에 뱀을 주며 [12] 알을 달라 하는데 전갈을 주겠느냐 [13] 너희가 악할지라도 좋은 것을 자식에게 줄 줄 알거든 하물며 너희 하늘 아버지께서 구하는 자에게 성령을 주시지 않겠느냐 하시니라』

1. 본문을 자신의 말로 요약해 보라.

_____

_____

_____

_____

_____

_____

2. 본문은 기도의 방법을 우리에게 알려주고 있다. 5절에 나오는 "밤중에 그에게 가서"라는 말씀을 통해 무엇을 느낄 수 있나?

_____

_____

_____

_____

_____

_____

3. 밤중에 찾아가는 무례를 무릅쓰고 떡 세 덩이를 빌리러 간 친구는 어떤 마음이었을까? (7-8절)

_____

_____

_____

_____

_____

_____

4. 하나님께서 간청하는 기도를 원하시는 이유가 무엇이라고 생각하는가?(8절)

_____

_____

_____

_____

_____

_____

5. 우리는 간청하는 기도를 할 수 있다. 그 이유를 아래 성경을 통해 살펴보자.

(1) 히브리서 10:19

_____

_____

_____

_____

(2) 로마서 8:32

_____

_____

_____

_____

_____

_____

(3) 마가복음 11:24

_____

_____

_____

_____

_____

6. 자녀 된 성도들이 기도할 때 하나님 아버지는 어떻게 응답해 주시는지
   누가복음 11장 11-13절을 통해 살펴보자.

(1) 누가복음11:11-12

_____

_____

_____

_____

_____

(2) **누가복음 11:13**

_____

_____

_____

_____

_____

하나님은 우리를 위해 더 큰 축복을 준비하고 계시기에 특별한 기도에
대해 응답을 지연시키거나 거부하시는 것이다. - 워렌 워어스비

7. 오늘 말씀을 공부하며 느낀 점을 말하고, 지금까지의 기도 모습과 앞
   으로의 기도 계획을 말해 보라.

● **과   제**

성구암송 – 누가복음 11:9

『내가 또 너희에게 이르노니 구하라 그러면 너희에게 주실 것이요 찾으라 그러면 찾
아낼 것이요 문을 두드리라 그러면 너희에게 열릴 것이니』

큐   티 – 사무엘상 1:10-18

"술 취하지 말라 이는 방탕한 것이니 오직 성령으로 충만함을 받으라"

엡 5:18

15

빈집 비유
| 적극적인 신앙생활 |

예수님을 믿고 처음에는 감격하고 기뻐하지만 시간이 지남에 따라 타성에 젖어 미지근한 상태로 바뀌는 경우를 간혹 보게 된다. 이들은 신앙생활은 너무 열심히 할 필요가 없고, 지나치게 소극적이지 않을 정도로 하면 된다는 생각에 사로잡혀 있는지도 모른다. 적당한 선에서 하겠다는 것이다. 그러나 주님은 우리에게 적극적인 자세를 요구하신다. 소극적인 신앙생활이 얼마나 위험한가를 누구보다도 잘 아시기 때문이다. 본문은 사람들의 영혼 상태를 빈집 비유로 교훈을 주신다. 깨끗이 청소한 집이라도 빈집은 결코 좋은 집이 아니다. 이 시간 자신의 영적인 상태를 점검하는 시간이 되도록 하자.

누가복음 11:23-28

『[23] 나와 함께 하지 아니하는 자는 나를 반대하는 자요 나와 함께 모으지 아니하는 자는 헤치는 자니라 [24] 더러운 귀신이 사람에게서 나갔을 때에 물 없는 곳으로 다니며 쉬기를 구하되 얻지 못하고 이에 이르되 내가 나온 내 집으로 돌아가리라 하고 [25] 가서 보니 그 집이 청소되고 수리되었거늘 [26] 이에 가서 저보다 더 악한 귀신 일곱을 데리고 들어가서 거하니 그 사람의 나중 형편이 전보다 더 심하게 되느니라 [27] 이 말씀을 하실 때에 무리 중에서 한 여자가 음성을 높여 이르되 당신을 밴 태와 당신을 먹인 젖이 복이 있나이다 하니 [28] 예수께서 이르시되 오히려 하나님의 말씀을 듣고 지키는 자가 복이 있느니라 하시니라』

1. 본문의 내용을 자신의 말로 쉽게 정리해 보라.

_____

_____

_____

_____

_____

_____

2. 23절은 전체 내용을 요약하고 있다고 볼 수 있다. 쉬운 말로 정리해 보라.

_____

_____

_____

_____

_____

● '함께 한다'는 것은 어떤 의미인가?

_____

_____

_____

3. 집을 나갔던 귀신이 다시 돌아온 이유는 무엇인가?(24-25절)

_____

_____

_____

_____

● 어떤 사람이 빈집과 같은 사람인가? 두 가지의 경우를 가지고 각자의 생각을 말해
보라.

　① 예수 그리스도를 영접하지 않은 경우

_____

_____

_____

　② 예수님을 마음에서 내쫓고 자신이 주인 되어 사는 경우

_____

_____

_____

4. 26절의 '저보다 더 악한 귀신 일곱'을 데리고 들어간 이유가 어디 있다
   고 생각하나?

   _____

   _____

   _____

   _____

   _____

   _____

5. 예수님을 마음에 주인으로 모시지 않고 있다면 그 이유가 어디에 있다
   고 생각하는가?(28절)

   _____

   _____

   _____

   _____

   _____

   _____

   _____

6. 아래의 성경이 주는 교훈을 살펴보자.

   (1) 에베소서 5:18

   _____

   _____

   _____

   _____

(2) 요한계시록 3:16

_____

_____

_____

_____

_____

7. 말씀을 통해 깨달은 당신의 영적인 상태는 어떤가? 앞으로 어떤 삶을 살기로 결단하는가?

● **과   제**

성구암송 – 에베소서 5:18

『술 취하지 말라 이는 방탕한 것이니 오직 성령으로 충만함을 받으라』

큐   티 – 요한계시록 3:14-22

16

어리석은 부자 비유

|어떤 부자의 말로|

물질주의적 가치관이 이 세상에 가득하다. 많은 물질을 소유하기 위한 노력은 갈수록 심해지고 있다. 물질이냐 영혼이냐, 세속주의냐 하나님 중심주의냐 하는 이 근본적인 가치 선택의 문제는 예나 지금이나 가장 큰 논제임이 분명하다. 예수님께서 말씀하신 어리석은 부자 비유를 통해 자신의 모습을 살펴보고 삶의 목적을 발견하도록 하자.

누가복음 12:13-21

『[13] 무리 중에 한 사람이 이르되 선생님 내 형을 명하여 유산을 나와 나누게 하소서 하니 [14] 이르시되 이 사람아 누가 나를 너희의 재판장이나 물건 나누는 자로 세웠느냐 하시고 [15] 그들에게 이르시되 삼가 모든 탐심을 물리치라 사람의 생명이 그 소유의 넉넉한 데 있지 아니하니라 하시고 [16] 또 비유로 그들에게 말하여 이르시되 한 부자가 그 밭에 소출이 풍성하매 [17] 심중에 생각하여 이르되 내가 곡식 쌓아 둘 곳이 없으니 어찌할까 하고 [18] 또 이르되 내가 이렇게 하리라 내 곳간을 헐고 더 크게 짓고 내 모든 곡식과 물건을 거기 쌓아 두리라 [19] 또 내가 내 영혼에게 이르되 영혼아 여러 해 쓸 물건을 많이 쌓아 두었으니 평안히 쉬고 먹고 마시고 즐거워하자 하리라 하되 [20] 하나님은 이르시되 어리석은 자여 오늘 밤에 네 영혼을 도로 찾으리니 그러면 네 준비한 것이 누구의 것이 되겠느냐 하셨으니 [21] 자기를 위하여 재물을 쌓아 두고 하나님께 대하여 부요하지 못한 자가 이와 같으니라』

1. 본문의 내용을 자신의 말로 정리해 보라.

_____

_____

_____

_____

_____

2. 유산 때문에 찾아온 사람은 예수님께 어떤 문제를 해결받기 원했는가?(13절)

_____

_____

_____

_____

_____

3. 이 사람이 가지고 있는 문제점은 무엇이라고 생각하는가?

_____

_____

_____

_____

_____

_____

4. 예수님께서 이 사람의 요구를 거절하신 이유가 무엇이라고 생각하나?

_____

_____

_____

_____

_____

_____

5. 풍성한 소출에 대해 부자가 계획한 것 두 가지는 무엇이었나?

 (1) 첫 번째 계획 (18절)

_____

_____

_____

_____

(2) 두 번째 계획 (19절)

_____

_____

_____

_____

6. 부자가 전혀 무관심한 것은 무엇인가?(20절)

_____

_____

_____

_____

_____

_____

_____

7. 아래 성경을 보며 느낀 점을 말해 보라.

(1) 시편 62:10

_____

_____

_____

(2) 빌립보서 4:19

_____

_____

_____

8. 하나님은 부자를 어리석은 자라고 평가하시고 무슨 말씀을 하셨
   나?(20절)

   _____

   _____

   _____

   _____

   _____

   _____

   _____

   _____

9. 오늘 말씀을 통해 느낀 점을 말하고 결단한 것을 가지고 함께 기도하
   는 시간을 가지자.

● **과   제**

성구암송 - 빌립보서 4:19

『나의 하나님이 그리스도 예수 안에서 영광 가운데 그 풍성한 대로 너희 모든 쓸 것
을 채우시리라』

큐   티 - 마태복음 25:31-46

큰 잔치 비유
| 하나님의 초청 |

전통적으로 유대인들의 잔치에는 이방인들이나 죄인들은 참석할 수 없고 오직 유대인들만 참석할 수 있다고 믿는 사상을 가지고 있었다. 그들은 하나님께 충실하다고 생각하고 있었지만 예수님을 통한 하나님의 초청에 대해서는 너무나 가볍게 여겼다. 본문은 하나님의 초청의 중요성을 깨닫게 해준다. 말씀이 주는 교훈을 살펴보자.

누가복음 14:15-24

『[15] 함께 먹는 사람 중의 하나가 이 말을 듣고 이르되 무릇 하나님의 나라에서 떡을 먹는 자는 복되도다 하니 [16] 이르시되 어떤 사람이 큰 잔치를 베풀고 많은 사람을 청하였더니 [17] 잔치할 시각에 그 청하였던 자들에게 종을 보내어 이르되 오소서 모든 것이 준비되었나이다 하매 [18] 다 일치하게 사양하여 한 사람은 이르되 나는 밭을 샀으매 아무래도 나가 보아야 하겠으니 청컨대 나를 양해하도록 하라 하고 [19] 또 한 사람은 이르되 나는 소 다섯 겨리를 샀으매 시험하러 가니 청컨대 나를 양해하도록 하라 하고 [20] 또 한 사람은 이르되 나는 장가 들었으니 그러므로 가지 못하겠노라 하는지라 [21] 종이 돌아와 주인에게 그대로 고하니 이에 집 주인이 노하여 그 종에게 이르되 빨리 시내의 거리와 골목으로 나가서 가난한 자들과 몸 불편한 자들과 맹인들과 저는 자들을 데려오라 하니라 [22] 종이 이르되 주인이여 명하신 대로 하였으되 아직도 자리가 있나이다 [23] 주인이 종에게 이르되 길과 산울타리 가로 나가서 사람을 강권하여 데려다가 내 집을 채우라 [24] 내가 너희에게 말하노니 전에 청하였던 그 사람들은 하나도 내 잔치를 맛보지 못하리라 하였다 하시니라』

1. 본문의 내용을 쉽게 요약해 보라.

_____

_____

_____

_____

_____

2. 유대인의 풍습에 의하면 잔치를 여는 사람은 사전에 날짜를 정한 다음에 종을 보내어 초청된 사람들에게 참석 여부를 물은 후에 그 수효에 맞추어 잔치를 준비한다. 16절에서 많은 사람은 무엇을 암시할까?

_____

_____

_____

_____

_____

_____

3. 잔치할 시간에 다시 종들을 보내고 있다. 이 내용을 통해 무엇을 알 수 있나?(17절)

_____

_____

_____

_____

_____

_____

4. 초청받은 자들의 반응은 어떠했나?(18절)

_____

_____

_____

_____

_____

_____

_____

5. 18-20절에서 초청 잔치를 사양한 이유를 통해 어떤 느낌을 받는가?

_____

_____

_____

_____

_____

_____

_____

6. 잔치 초청을 거절하자 주인은 노하고 있다. 노하는 이유가 무엇이라고 생각하나?(21절)

_____

_____

_____

_____

_____

7. 주인은 초청해야 될 사람을 시내의 거리와 골목으로 나가서 데려오라고 한다. 어떤 사람인지 살펴보자.

_____

_____

_____

_____

_____

8. 21절에 언급되고 있는 사람들은 가난한 자들, 장애와 병으로 인해 소외된 삶을 사는 자들이었다. 주인이 이들을 초청한 것을 통해 깨달을 수 있는 진리는 무엇인가?

_____

_____

_____

9. 23절을 통해 느낀 점을 말해 보라.

_____

_____

_____

_____

_____

10. 오늘 말씀을 통해 느낀 점과 결단한 것을 내놓고 함께 기도하는 시간
　　을 가지자.

● **과　제**

성구암송 - 로마서 1:16

『내가 복음을 부끄러워하지 아니하노니 이 복음은 모든 믿는 자에게 구원을 주시는
하나님의 능력이 됨이라 먼저는 유대인에게요 그리고 헬라인에게로다』

큐　　티 - 시편 130:5-7

잃은 양 비유

| 한 영혼의 중요성 |

성경은 사람을 하나님을 아는 사람과 하나님을 알지 못하는 사람으로 나눈다. 본문에서는 하나님을 알지 못하고 사는 사람들에 대한 안타까움을 비유를 통해 우리에게 교훈하고 있다. 하나님은 잃어버린 양을 향한 목자의 심정으로 말씀하신다, 우리를 통해서 주변에 잃은 양과 같은 사람들에게 나타나기를 원하신다. 이 시간 말씀을 통해서 한 영혼의 중요성을 공부해 보도록 하자.

누가복음 15:1-7

『[1] 모든 세리와 죄인들이 말씀을 들으러 가까이 나아오니 [2] 바리새인과 서기관들이 수군거려 이르되 이 사람이 죄인을 영접하고 음식을 같이 먹는다 하더라 [3] 예수께서 그들에게 이 비유로 이르시되 [4] 너희 중에 어떤 사람이 양 백 마리가 있는데 그 중의 하나를 잃으면 아흔아홉 마리를 들에 두고 그 잃은 것을 찾아내기까지 찾아다니지 아니하겠느냐 [5] 또 찾아낸즉 즐거워 어깨에 메고 [6] 집에 와서 그 벗과 이웃을 불러 모으고 말하되 나와 함께 즐기자 나의 잃은 양을 찾아내었노라 하리라 [7] 내가 너희에게 이르노니 이와 같이 죄인 한 사람이 회개하면 하늘에서는 회개할 것 없는 의인 아흔아홉으로 말미암아 기뻐하는 것보다 더하리라』

1. 본문을 자신의 말로 정리해 보라.

_____

_____

_____

_____

_____

_____

2. 바리새인과 서기관들이 예수님을 보고 수군거리며 한 말은 무엇인가?(2절)

_____

_____

_____

_____

_____

_____

3. 바리새인들이 예수님을 향해 '이 사람'이란 호칭을 사용하고 있는 것
   을 통해 알 수 있는 것은?(2절)

   _____

   _____

   _____

   _____

4. 본문의 '잃어버린 양'은 누구를 나타낸다고 볼 수 있는가?

   _____

   _____

   _____

   _____

   _____

5. 잃은 양 하나를 찾기 위해 아흔아홉 마리 양을 그대로 두고 찾을 때까
   지 다니는 것을 보며 무엇을 느낄 수 있나?(4절)

   _____

   _____

   _____

   _____

6. 예수님은 우리에게 어떤 마음을 원하시는지 마태복음 9장 13절을 통해 살펴보자.

_____

_____

_____

_____

_____

7. 한 영혼을 구원하는 기쁨을 예수님은 어떻게 표현하시는지 5절에서 살펴보자.

(1) "즐거워"

_____

_____

_____

_____

(2) "어깨에 메고"

_____

_____

_____

8. 다음 성경을 통해 느낀 점을 말해 보라.

(1) 빌립보서 4:1

_____

_____

_____

(2) 데살로니가전서 2:19

_____

_____

_____

_____

9. 6절에서 벗과 이웃을 불러 모아서 함께 즐거워하는 것이 시사하는 바는 무엇인가?(7절)

_____

_____

_____

_____

_____

_____

10. 오늘 말씀을 통해 결단한 것과 적용할 것을 말해 보라.

● 과   제

성구암송 – 마태복음 9:13

『너희는 가서 내가 긍휼을 원하고 제사를 원하지 아니하노라 하신 뜻이 무엇인지 배우라 나는 의인을 부르러 온 것이 아니요 죄인을 부르러 왔노라 하시니라』

큐   티 – 요한복음 10:1-6

잃은 드라크마 비유

| 자신을 발견하라 |

누가복음 15장에는 세 가지 비유가 있다. 양을 잃은 목자의 비유와 동전을 잃은 여인의 비유, 그리고 방탕한 아들에 대한 비유이다. 이 비유들은 모두 잃어버린 것과 관계가 있고, 모두 찾았다는 공통점이 있다. 그러나 각기 조금씩 다른 점을 발견할 수 있다. 이 시간 잃은 드라크마 비유를 통해서 주시는 교훈을 살펴보자.

누가복음 15:8-10

『[8] 어떤 여자가 열 드라크마가 있는데 하나를 잃으면 등불을 켜고 집을 쓸며 찾아내기까지 부지런히 찾지 아니하겠느냐 [9] 또 찾아낸즉 벗과 이웃을 불러 모으고 말하되 나와 함께 즐기자 잃은 드라크마를 찾아 내었노라 하리라 [10] 내가 너희에게 이르노니 이와 같이 죄인 한 사람이 회개하면 하나님의 사자들 앞에 기쁨이 되느니라』

1. 본문을 자신의 말로 쉽게 정리해 보라.

_____

_____

_____

_____

_____

_____

2. 드라크마에 대해 아는 대로 말해 보라.

_____

_____

_____

_____

_____

_____

_____

3. 잃어버린 양과 잃은 드라크마 하나는 어떤 차이점이 있는가?

_____

_____

_____

_____

_____

_____

4. 등불을 켜고 집 안을 쓸며 부지런히 찾고 있는 여인의 모습에서 무엇을 느낄 수 있나?

_____

_____

_____

_____

_____

5. 잃어버려진 채로 있던 드라크마는 여인의 노력으로 결국 원래의 자신의 자리로 돌아갔다. 이것을 통해 무엇을 느낄 수 있나?

_____

_____

_____

_____

_____

_____

6. 성경에서는 예수님에 대해 무엇이라고 말씀하고 있나? 요한복음 1장 9-11절을 통해 살펴보자.

_____

_____

_____

_____

_____

7. 다시 찾은 드라크마는 여인의 기쁨이었다. 우리가 하나님의 자녀가 된 것을 하나님께서 기뻐하시고 자랑스럽게 여기실 것이다. 이 점에 대해 당신은 어떤 느낌을 받는가?

_____

_____

_____

_____

_____

_____

8. 벗과 이웃을 불러 모아서 함께 즐기는 모습을 통해 얻을 수 있는 교훈은 무엇인가?(9절)

_____

_____

_____

_____

_____

9. 오늘 말씀을 통해 느낀 점을 말해 보라.

● **과   제**

성구암송 – 요한복음 5:39

『너희가 성경에서 영생을 얻는 줄 생각하고 성경을 연구하거니와 이 성경이 곧 내게
대하여 증언하는 것이니라.』

큐   티 – 베드로전서 1:8-11

"너희가 성경에서 영생을 얻는 줄 생각하고 성경을 연구하거니와
이 성경이 곧 내게 대하여 증언하는 것이니라"

이사야 55:7

탕자 비유

| 하나님의 사랑 이야기 |

본문은 집 나간 아들을 애타게 기다리는 아버지의 인자하신 사랑의 모습과, 아버지를 떠난 아들의 고통과 절망을 보여주는 한 편의 위대한 드라마이다. 아버지를 떠난 탕자의 여정과 다시 아버지께로 돌아가는 과정, 그리고 아들을 너무나 반갑게 맞이하는 아버지의 모습을 통해 우리에게 주시고자 하는 메시지와 교훈을 배우도록 하자.

누가복음 15:11-24

『[11] 또 이르시되 어떤 사람에게 두 아들이 있는데 [12] 그 둘째가 아버지에게 말하되 아버지여 재산 중에서 내게 돌아올 분깃을 내게 주소서 하는지라 아버지가 그 살림을 각각 나눠 주었더니 [13] 그 후 며칠이 안 되어 둘째 아들이 재물을 다 모아 가지고 먼 나라에 가 거기서 허랑방탕하여 그 재산을 낭비하더니 [14] 다 없앤 후 그 나라에 크게 흉년이 들어 그가 비로소 궁핍한지라 [15] 가서 그 나라 백성 중 한 사람에게 붙여 사니 그가 그를 들로 보내어 돼지를 치게 하였는데 [16] 그가 돼지 먹는 쥐엄 열매로 배를 채우고자 하되 주는 자가 없는지라 [17] 이에 스

스로 돌이켜 이르되 내 아버지에게는 양식이 풍족한 품꾼이 얼마나 많은가 나는 여기서 주려 죽는구나 [18] 내가 일어나 아버지께 가서 이르기를 아버지 내가 하늘과 아버지께 죄를 지었사오니 [19] 지금부터는 아버지의 아들이라 일컬음을 감당하지 못하겠나이다 나를 품꾼의 하나로 보소서 하리라 하고 [20] 이에 일어나서 아버지께로 돌아가니라 아직도 거리가 먼데 아버지가 그를 보고 측은히 여겨 달려가 목을 안고 입을 맞추니 [21] 아들이 이르되 아버지 내가 하늘과 아버지께 죄를 지었사오니 지금부터는 아버지의 아들이라 일컬음을 감당하지 못하겠나이다 하나 [22] 아버지는 종들에게 이르되 제일 좋은 옷을 내어다가 입히고 손에 가락지를 끼우고 발에 신을 신기라 [23] 그리고 살진 송아지를 끌어다가 잡으라 우리가 먹고 즐기자 [24] 이 내 아들은 죽었다가 다시 살아났으며 내가 잃었다가 다시 얻었노라 하니 그들이 즐거워하더라』

1. 본문의 내용을 요약해 보라.

_____

_____

_____

_____

_____

_____

_____

_____

2. 둘째 아들의 유산 상속 요구는 무례한 요구였다. 재산의 상속은 아버지의 임종을 앞두고 행해지는 것이 일반적 관습이기 때문이다. 아버지는 상속 요구에 어떻게 하고 있나?(12절)

_____

_____

_____

_____

_____

3. 지금 당신이 누리고 있는 것 가운데 하나님으로부터 공짜로 받은 것이 무엇인가? 생각나는 대로 기록해 보라.

_____

_____

_____

_____

4. 유산을 받은 이후 아들의 모습을 통해 얻을 수 있는 교훈은 무엇인가?(13절)

(1) "먼 나라에 가"

_____

_____

_____

_____

(2) "허랑방탕하여"

_____

_____

_____

_____

유대에서는 아버지가 생존해 있을 동안 재산을 물려받았을 경우 상속
자는 이를 자신의 임의대로 사용할 수 없었다. 유산으로 장사를 해서
이익금을 남겼다고 해도, 그 이익을 임의대로 사용하지 못하고 아버지
에게 돌려야만 했다.

5. 둘째 아들의 먼 나라에서의 삶에 대해 기록해 보라(14-16절).

_____

_____

_____

_____

_____

_____

6. 둘째 아들이 고통에서 벗어나게 되는 결정적인 순간을 17절에서 살펴
보자.

_____

_____

_____

_____

_____

_____

_____

_____

7. 집으로 돌아오는 아들을 본 아버지의 행동을 통해 느낀 점을 말해
보라.

(1) '거리가 먼데 아버지가 그를 보고'(20절)

_____

_____

_____

_____

(2) '달려가 목을 안고 입을 맞추니'(20절)

_____

_____

_____

_____

(3) '제일 좋은 옷을 내어다가 입히고 손에 가락지를 끼우고 발에 신을 신기라'(22절)

_____

_____

_____

_____

(4) '송아지를 끌어다가 잡으라 우리가 먹고 즐기자'(23절)

_____

_____

_____

_____

8. 오늘 말씀을 통해 느끼고 결단한 것을 진지하게 말해 보라.

● **과   제**

성구암송 – 이사야 55:7

『너희가 성경에서 영생을 얻는 줄 생각하고 성경을 연구하거니와 이 성경이 곧 내게 대하여 증언하는 것이니라.』

큐   티 – 베드로전서 1:8-11

MEMO

집안의 탕자 비유

| 신앙인의 위기 |

우리는 신앙생활을 하면서 여러 가지 위기를 맞이할 수도 있다. 신앙생활을 먼저 한 자라고 해서 반드시 성숙하다고 말할 수 없다. 탕자의 비유 중 맏아들의 모습을 통해 이런 교훈을 얻을 수 있다. 자신의 할 일을 다 하고 있다고 생각하는 맏아들을 통해 우리에게 주시고자 하는 교훈을 살펴보도록 하자.

누가복음 15:25-32

『[25] 맏아들은 밭에 있다가 돌아와 집에 가까이 왔을 때에 풍악과 춤추는 소리를 듣고 [26] 한 종을 불러 이 무슨 일인가 물은대 [27] 대답하되 당신의 동생이 돌아왔으매 당신의 아버지가 건강한 그를 다시 맞아들이게 됨으로 인하여 살진 송아지를 잡았나이다 하니 [28] 그가 노하여 들어가고자 하지 아니하거늘 아버지가 나와서 권한대 [29] 아버지께 대답하여 이르되 내가 여러 해 아버지를 섬겨 명을 어김이 없거늘 내게는 염소 새끼라도 주어 나와 내 벗으로 즐기게 하신 일이 없더니 [30] 아버지의 살림을 창녀들과 함께 삼켜 버린 이 아들이 돌아오매 이를 위하여 살진 송아지를 잡으셨나이다 [31] 아버지가 이르되 얘 너는 항상 나와 함

께 있으니 내 것이 다 네 것이로되 [32] 이 네 동생은 죽었다가 살아났

으며 내가 잃었다가 얻었기로 우리가 즐거워하고 기뻐하는 것이 마땅하

다 하니라』

1. 본문의 내용을 쉽게 요약하라.

_____

_____

_____

_____

_____

2. 밭에 있다가 집에 돌아온 맏아들은 어떤 반응을 보였나?(28절)

_____

_____

_____

_____

_____

3. 아버지께 항변하는 맏아들의 문제점을 29절과 30절을 통해 살펴보자.

 (1) 29절

_____

_____

_____

_____

_____

(2) 30절

_____

_____

_____

_____

4. 당신은 형제에게 베풀어지는 '송아지 한 마리' 때문에 불평해 본 적은 없는지 아래 물음에 답하라

(1) 자신의 공로를 인정받지 못한 것 때문에 분노한 적이 있으면 솔직히 말해 보라.

_____

_____

_____

(2) 자신이 가진 기득권을 지키기 위해 다른 형제에게 배타적인 모습을 보인 적은 없는가?

_____

_____

_____

5. 당신은 하나님 앞에서 어떤 위치에 있다고 생각하나?(갈 3:29, 4:7)

_____

_____

_____

_____

_____

6. 맏아들이 자기 동생을 향해 '이 아들'이라고 부르고 있다(30절). 이 사
   실을 통해 무엇을 느낄 수 있나?

_____

_____

_____

_____

_____

_____

7. 맏아들의 모습을 본 아버지는 어떻게 말하고 있나? 31절과 32절의 내
   용을 통해 살펴보자.

 (1) "항상 나와 함께 있으니"

_____

_____

_____

_____

 (2) "네 동생은 죽었다가 살아났으며"

_____

_____

_____

_____

8. 우리가 가장 관심을 가져야 할 부분은 무엇인가? 아래 성경을 통해 말해 보라.

(1) 요한복음 13:34-35

_____

_____

_____

_____

(2) 누가복음 15:32

_____

_____

_____

_____

9. 오늘 공부를 통해 느낀 점과 결단한 것을 말해 보라.

● 과 제

성구암송 - 에베소서 4:32

『서로 친절하게 하며 불쌍히 여기며 서로 용서하기를 하나님이 그리스도 안에서 너희를 용서하심과 같이 하라』

큐 티 - 요한일서 3:11-18

불의한 청지기 비유

| 하나님과 재물 |

세상 재물은 하늘 보화인 복음과 비교할 수 없는 작은 선물이라고 할
수 있다. 그러나 사람들은 재물의 가치를 너무나 과대평가해서 재물이
우상이 되는 경우가 적지 않다. 그런데 지극히 작은 것에 불과한 세상
재물도 잘 사용하면 유익이 될 수 있다. 예수님은 제자들에게 재물을
어떻게 사용해야 할 것인지에 대해 교훈하시기 위해 이 비유를 들어 말
씀하고 있다.

누가복음 16:1-13

『[1] 또한 제자들에게 이르시되 어떤 부자에게 청지기가 있는데 그가 주
인의 소유를 낭비한다는 말이 그 주인에게 들린지라 [2] 주인이 그를 불
러 이르되 내가 네게 대하여 들은 이 말이 어찌 됨이냐 네가 보던 일을
셈하라 청지기 직무를 계속하지 못하리라 하니 [3] 청지기가 속으로 이
르되 주인이 내 직분을 빼앗으니 내가 무엇을 할까 땅을 파자니 힘이 없
고 빌어 먹자니 부끄럽구나 [4] 내가 할 일을 알았도다 이렇게 하면 직
분을 빼앗긴 후에 사람들이 나를 자기 집으로 영접하리라 하고 [5] 주인
에게 빚진 자를 일일이 불러다가 먼저 온 자에게 이르되 네가 내 주인에

게 얼마나 빚졌느냐 [6] 말하되 기름 백 말이니이다 이르되 여기 네 증서를 가지고 빨리 앉아 오십이라 쓰라 하고 [7] 또 다른 이에게 이르되 너는 얼마나 빚졌느냐 이르되 밀 백 석이니이다 이르되 여기 네 증서를 가지고 팔십이라 쓰라 하였는지라 [8] 주인이 이 옳지 않은 청지기가 일을 지혜 있게 하였으므로 칭찬하였으니 이 세대의 아들들이 자기 시대에 있어서는 빛의 아들들보다 더 지혜로움이니라 [9] 내가 너희에게 말하노니 불의의 재물로 친구를 사귀라 그리하면 그 재물이 없어질 때에 그들이 너희를 영주할 처소로 영접하리라 [10] 지극히 작은 것에 충성된 자는 큰 것에도 충성되고 지극히 작은 것에 불의한 자는 큰 것에도 불의하니라 [11] 너희가 만일 불의한 재물에도 충성하지 아니하면 누가 참된 것으로 너희에게 맡기겠느냐 [12] 너희가 만일 남의 것에 충성하지 아니하면 누가 너희의 것을 너희에게 주겠느냐 [13] 집 하인이 두 주인을 섬길 수 없나니 혹 이를 미워하고 저를 사랑하거나 혹 이를 중히 여기고 저를 경히 여길 것임이니라 너희는 하나님과 재물을 겸하여 섬길 수 없느니라』

1. 본문의 내용을 간단하게 요약해 보라.

_____

_____

_____

_____

_____

_____

2. 청지기에 대해 아는 대로 말해 보라. 그리고 청지기는 누구를 가리킨
   다고 생각하나?

   _____

   _____

   _____

   _____

   _____

3. 주인이 청지기에 대해 어떤 말을 들었는가?(1절)

   _____

   _____

   _____

   _____

   _____

   _____

4. 청지기는 어떤 점을 명심해야 할까? 2절을 통해 살펴보자.

   _____

   _____

   _____

   _____

   _____

5. 청지기가 주인에게서 경고를 받고 어떤 행동을 하고 있는가?(4-7절)

_____

_____

_____

_____

_____

_____

6. 다음 성경을 통해 청지기의 자세에 대해 살펴보자.

 (1) 욥기 1:21

_____

_____

_____

_____

 (2) 로마서 11:36

_____

_____

_____

_____

 (3) 베드로전서 4:10

_____

_____

_____

_____

7. 청지기의 행동에 대해 주인이 칭찬한 이유가 어디 있다고 생각하는 가?(8절)

_____

_____

_____

_____

_____

_____

8. "불의의 재물로 친구를 사귀라"(9절)는 말씀이 주는 교훈이 무엇인지 말해 보라.

_____

_____

_____

_____

_____

_____

9. 재물을 잘못 이해하면 하나님의 위치까지 올려서 주인처럼 생각할 수 있다. 13절을 통해 도전받은 내용을 말해 보라.

_____

_____

_____

_____

_____

_____

10. 오늘 공부를 통해 느낀 점과 결단한 것을 말하고 주님의 도우심을 구
   하며 기도하자.

● 과 제

성구암송 – 누가복음 16:13

『집 하인이 두 주인을 섬길 수 없나니 혹 이를 미워하고 저를 사랑하거나 혹 이를 중
히 여기고 저를 경히 여길 것임이니라 너희는 하나님과 재물을 겸하여 섬길 수 없느
니라』

큐   티 – 마태복음 25:31-46

부자와 나사로 비유

|천국과 지옥|

철학자 임마누엘 칸트는 다음과 같이 말했다. "천국과 지옥은 있어야 한다. … 이 세상의 부조리와 불공평을 볼 때마다, 잘되어야 할 사람이 잘못되고 잘못되어야 할 사람이 잘되는 부조리 때문에 천국과 지옥은 반드시 있어야 한다." 그러나 죽음 이후에 대해 확실한 위안을 준 자는 동서고금을 통해 찾아볼 수 없다. 오직 성경만이 죽음 이후에 대해 분명하게 기록하고 있다. 천국과 지옥은 성경이 가르치는 가장 중요한 주제이다. 예수님은 부자와 나사로 비유를 통해 분명히 보여주신다.

누가복음 16:19-31

『[19] 한 부자가 있어 자색 옷과 고운 베옷을 입고 날마다 호화롭게 즐기더라 [20] 그런데 나사로라 이름하는 한 거지가 헌데 투성이로 그의 대문 앞에 버려진 채 [21] 그 부자의 상에서 떨어지는 것으로 배불리려 하매 심지어 개들이 와서 그 헌데를 핥더라 [22] 이에 그 거지가 죽어 천사들에게 받들려 아브라함의 품에 들어가고 부자도 죽어 장사되매 [23] 그가 음부에서 고통중에 눈을 들어 멀리 아브라함과 그의 품에 있는 나사로를 보고 [24] 불러 이르되 아버지 아브라함이여 나를 긍휼히 여기사 나사로를 보내어 그 손가락 끝에 물을 찍어 내 혀를 서늘하게 하소서 내가 이 불꽃 가운데서 괴로워하나이다 [25] 아브라함이 이르되 얘 너는 살았을 때에 좋은 것을 받았고 나사로는 고난을 받았으니 이 것을 기억하라 이제 그는 여기서 위로를 받고 너는 괴로움을 받느니라 [26] 그뿐 아니라 너희와 우리 사이에 큰 구렁텅이가 놓여 있어 여기서 너희에게 건너가고자 하되 갈 수 없고 거기서 우리에게 건너올 수도 없 게 하였느니라 [27] 이르되 그러면 아버지여 구하노니 나사로를 내 아 버지의 집에 보내소서 [28] 내 형제 다섯이 있으니 그들에게 증언하게 하여 그들로 이 고통 받는 곳에 오지 않게 하소서 [29] 아브라함이 이르 되 그들에게 모세와 선지자들이 있으니 그들에게 들을지니라 [30] 이르 되 그렇지 아니하니이다 아버지 아브라함이여 만일 죽은 자에게서 그들 에게 가는 자가 있으면 회개하리이다 [31] 이르되 모세와 선지자들에게 듣지 아니하면 비록 죽은 자 가운데서 살아나는 자가 있을지라도 권함 을 받지 아니하리라 하였다 하시니라』

1. 본문을 자신의 말로 정리해 보라.

_____

_____

_____

_____

_____

_____

_____

2. 부자와 나사로는 세상에서 어떤 삶을 살았나?(19-21절)

(1) 부자

_____

_____

_____

_____

(2) 나사로

_____

_____

_____

_____

3. 거지 나사로가 죽어서 간 곳은 어디인가?(22절)

_____

_____

_____

_____

_____

_____

4. 부자가 간 음부는 지옥과 통하는 곳이라고 할 수 있다. 부자가 간 음부
   와 나사로가 간 아브라함의 품을 통해 알 수 있는 것이 무엇인가? 아
   래의 단어가 주는 의미를 말해 보자.

(1) "고통 중에 눈을 들어"(23절)

_____

_____

_____

_____

(2) "나사로를 보고"(23절)

_____

_____

_____

_____

(3) "내가 이 불꽃 가운데서 괴로워하나이다"(24절)

_____

_____

_____

_____

5. 세상에서의 부자의 삶이 죽음 이후를 결정했다. 결국 이 세상은 죽음 이후를 준비하는 기회인 것이다(25절). 본문을 통해 느낀 점을 말해 보라.

_____

_____

_____

_____

_____

6. 26절을 통해서 어떤 사실을 알 수 있는가?

_____

_____

_____

_____

_____

_____

7. 음부에 간 부자의 소원과 그 결과에 대해 기록하라.

(1) 첫 번째 소원(24절)

_____

_____

_____

_____

_____

(2) 두 번째 소원(27-28절)

_____

_____

_____

_____

_____

8. 전도에 대한 부자의 잘못된 생각은 무엇인가?(31절)

_____

_____

_____

_____

_____

_____

_____

_____

_____

9. 새롭게 깨달은 것과 결단한 것은 무엇인가?

● **과　제**

성구암송 – 로마서 10:17

『그러므로 믿음은 들음에서 나며 들음은 그리스도의 말씀으로 말미암았느니라』

큐　　티 – 고린도전서 15:51-58

불의한 재판관 비유

| 낙망치 않는 기도 |

악하고 음란한 말세의 때를 살아가는 성도들은 끝까지 믿음의 선한 싸움을 싸워야 한다. 그 싸움에서 기도라는 무기가 아니고는 이길 수 없다. 이 세상에서 성공하는 사람들을 보면 그 분야에 미친 사람들이다. 그렇다면 하나님의 자녀들은 기도에 미쳐야 한다. 응답받을 때까지 기도하는 사람이라야 하나님의 마음을 움직일 수 있다.

누가복음 18:1-8

『[1] 예수께서 그들에게 항상 기도하고 낙심하지 말아야 할 것을 비유로 말씀하여 [2] 이르시되 어떤 도시에 하나님을 두려워하지 않고 사람을 무시하는 한 재판장이 있는데 [3] 그 도시에 한 과부가 있어 자주 그에게 가서 내 원수에 대한 나의 원한을 풀어 주소서 하되 [4] 그가 얼마 동안 듣지 아니하다가 후에 속으로 생각하되 내가 하나님을 두려워하지 않고 사람을 무시하나 [5] 이 과부가 나를 번거롭게 하니 내가 그 원한을 풀어 주리라 그렇지 않으면 늘 와서 나를 괴롭게 하리라 하였느니라 [6] 주께서 또 이르시되 불의한 재판장이 말한 것을 들으라 [7] 하물며 하나님께서 그 밤낮 부르짖는 택하신 자들의 원한을 풀어 주지 아니하시겠느냐 그들에게 오래 참으시겠느냐 [8] 내가 너희에게 이르노니 속히 그 원한을 풀어 주시리라 그러나 인자가 올 때에 세상에서 믿음을 보겠느냐 하시니라』

1. 본문의 내용을 간단하게 요약하라.

_____

_____

_____

_____

_____

_____

2. 항상 하는 기도는 어떤 기도인가?(1절)

_____

_____

_____

_____

_____

_____

_____

3. 기도하면서 낙심하는 이유는 무엇인가?

_____

_____

_____

_____

_____

_____

_____

4. 본문에 나오는 재판관은 어떤 사람인가?(2절)

_____

_____

_____

_____

_____

_____

_____

5. 과부의 모습에서 얻을 수 있는 교훈은 무엇인가?(3절)

_____

_____

_____

6. 불의한 재판관과 하나님의 대조되는 점을 보면서 얻은 교훈을 말하라.(4절)

하나님	재판관
의로우심	불의함
사람을 사랑하심	사람을 무시함
기도를 속히 들어주기를 원하심(눅18:8)	억지로 귀찮아서 들어줌(눅 18:4-5)

7. 기도와 성령과의 관계를 잠시 생각해 보자.(13절)

 (1) 요한복음 15:7

 (2) 사무엘상 15:29

(3) 마태복음 7:11

_____

_____

_____

_____

8. 기도할 때 반드시 필요한 자세는 무엇인가?(7절)

_____

_____

_____

_____

_____

9. 오늘 말씀을 통해 느낀 점과 결단한 것을 말해 보라.

● **과   제**

성구암송 – 시편 116:2

『그의 귀를 내게 기울이셨으므로 내가 평생에 기도하리로다』

큐   티 – 마가복음 10:46-52

"우리가 아직 죄인 되었을 때에 그리스도께서 우리를 위하여
죽으심으로 하나님께서 우리에 대한 자기의 사랑을 확증하셨느니라"

롬 5:8

바리새인과 세리의 기도 비유
| 자칭 의인의 기도 |

기도를 해도 응답이 없다면 참으로 안타까운 일이 아닐 수 없다. 예배에도 잘 출석하고, 헌금도 할 만큼 하고, 모든 행사에도 열심이며, 도덕적으로도 큰 흠이 없어 보이는데 오직 기도 소리만 나오면 도망치는 사람들을 볼 수 있다. 기도의 체험이 없는 것이다. 성도는 기도를 통해 하나님과의 관계에 대한 확신을 가질 수 있다. 기도의 응답을 통해 하나님을 더욱 깊이 알아가기 때문이다. 만약 기도 응답이 없다면 하나님과 무관한 자이든지 아니면 하나님께서 원하시는 기도를 하고 있지 않든지 둘 중에 하나일 것이다.

누가복음 18:9-14

『[9] 또 자기를 의롭다고 믿고 다른 사람을 멸시하는 자들에게 이 비유로 말씀하시되 [10] 두 사람이 기도하러 성전에 올라가니 하나는 바리새인이요 하나는 세리라 [11] 바리새인은 서서 따로 기도하여 이르되 하나님이여 나는 다른 사람들 곧 토색, 불의, 간음을 하는 자들과 같지 아니하고 이 세리와도 같지 아니함을 감사하나이다 [12] 나는 이레에 두 번씩 금식하고 또 소득의 십일조를 드리나이다 하고 [13] 세리는 멀리 서서 감히 눈을 들어 하늘을 쳐다보지도 못하고 다만 가슴을 치며

이르되 하나님이여 불쌍히 여기소서 나는 죄인이로소이다 하였느니라
[14] 내가 너희에게 이르노니 이에 저 바리새인이 아니고 이 사람이 의
롭다 하심을 받고 그의 집으로 내려갔느니라 무릇 자기를 높이는 자는
낮아지고 자기를 낮추는 자는 높아지리라 하시니라』

1. 본문을 자신의 말로 정리해 보라.

_____

_____

_____

_____

_____

_____

2. 이 비유를 들어야 할 대상이 누구인가?(9절)

_____

_____

_____

_____

_____

_____

3. 당신은 남보다 신앙생활을 잘하고 있다고 생각할 뿐 아니라 자신의
   의를 내세우려고 하는 모습은 없는가? 로마서 3장 24절을 통해 자신
   의 모습을 발견하도록 하자.

_____

_____

_____

_____

_____

_____

_____

5. 바리새인은 어떤 기도를 하고 있나?(11-12절)

_____

_____

_____

_____

_____

6. 바리새인의 기도를 보면 그들이 예수님과는 무관한 자들임을 알 수 있
   다. 그 이유가 무엇일까?(눅 5:32)

_____

_____

_____

_____

_____

7. 바리새인의 기도를 보면 몇 가지 문제점을 발견할 수 있다. 아래의 문제점을 보며 자신에게는 이런 모습이 없는지 살펴보자.

(1) 바리새인들은 자신의 진정한 모습을 알지 못하고 있다.

_____

_____

_____

_____

(2) 기도 가운데 자신을 드러내기를 좋아하고 있다.

_____

_____

_____

_____

(3) 하나님의 은혜와 사랑, 긍휼의 필요성을 깨닫지 못하고 있다.

_____

_____

_____

_____

8. 세리의 기도 내용 두 가지를 통해 어떤 점을 알 수 있나?(13절)

 (1) "불쌍히 여기소서"

_____

_____

_____

_____

_____

 (2) "나는 죄인이로소이다"

_____

_____

_____

_____

_____

9. 죄인을 향한 하나님의 사랑은 어느 정도인지 로마서 5장 8절을 통해
   살펴보자.

_____

_____

_____

_____

_____

_____

_____

10. 느낀 점과 결단한 것을 말하고 함께 기도하자.

● **과   제**

성구암송 – 로마서 5:8

『우리가 아직 죄인 되었을 때에 그리스도께서 우리를 위하여 죽으심으로 하나님께서 우리에 대한 자기의 사랑을 확증하셨느니라.』

큐   티 – 누가복음 5:1–11